AF509692

CERCLE

DE

L'UNION ARTISTIQUE

<hr>

SOIRÉE DU 14 JUIN 1879

A l'occasion des deux Médailles d'honneur
décernées par le Jury du Salon

à

MM. CAROLUS DURAN

ET

RENÉ DE SAINT-MARCEAUX

PARIS

TYPOGRAPHIE ET PHOTOTYPIE

QUAI VOLTAIRE, 13

—

1879

CERCLE

DE

L'UNION ARTISTIQUE

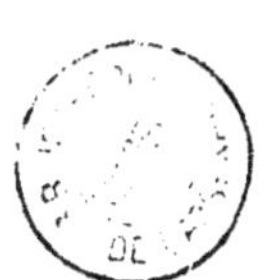

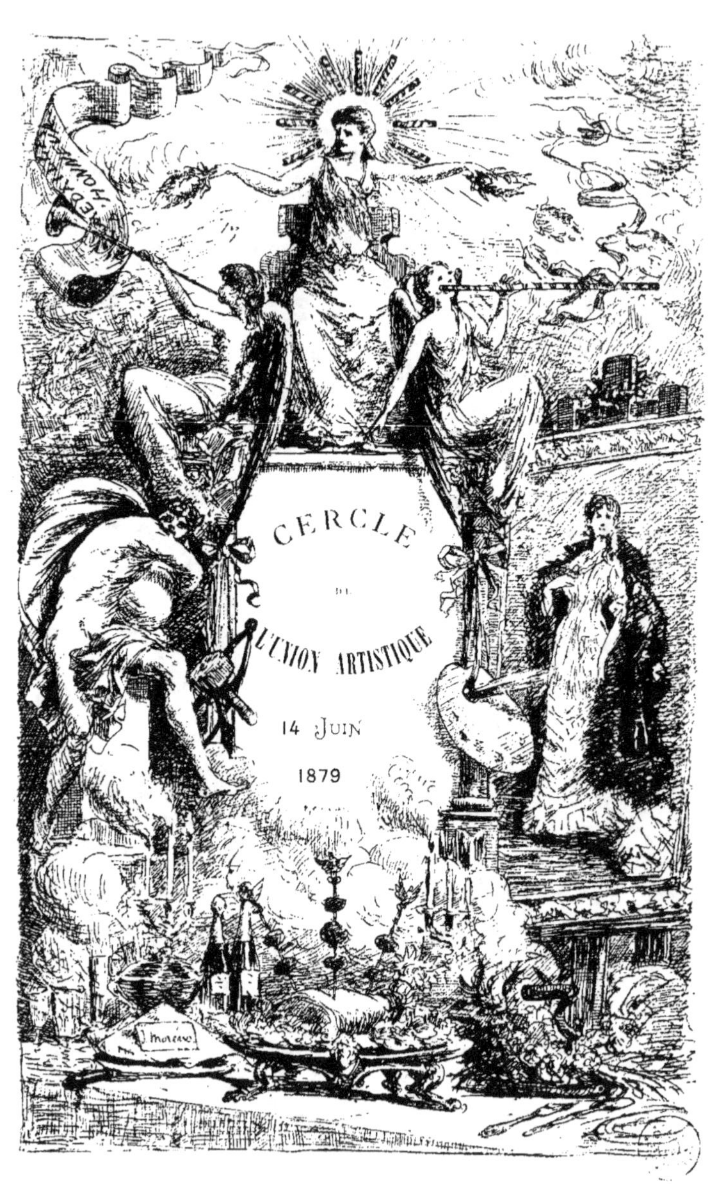

CERCLE
DE
L'UNION ARTISTIQUE
14 JUIN
1879

CAROLUS DURAN

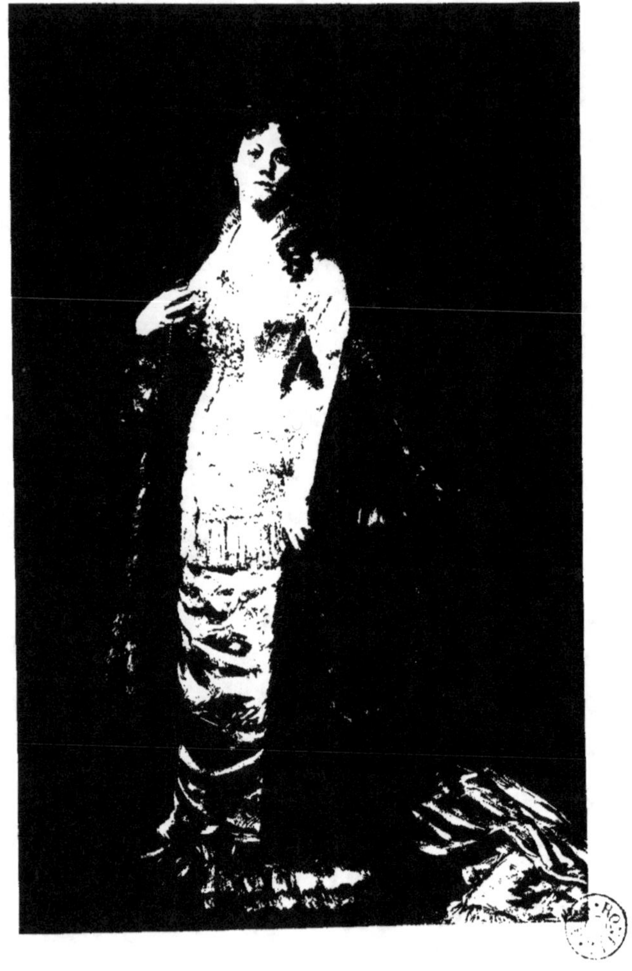

PORTRAIT DE Mme LA COMTESSE V....

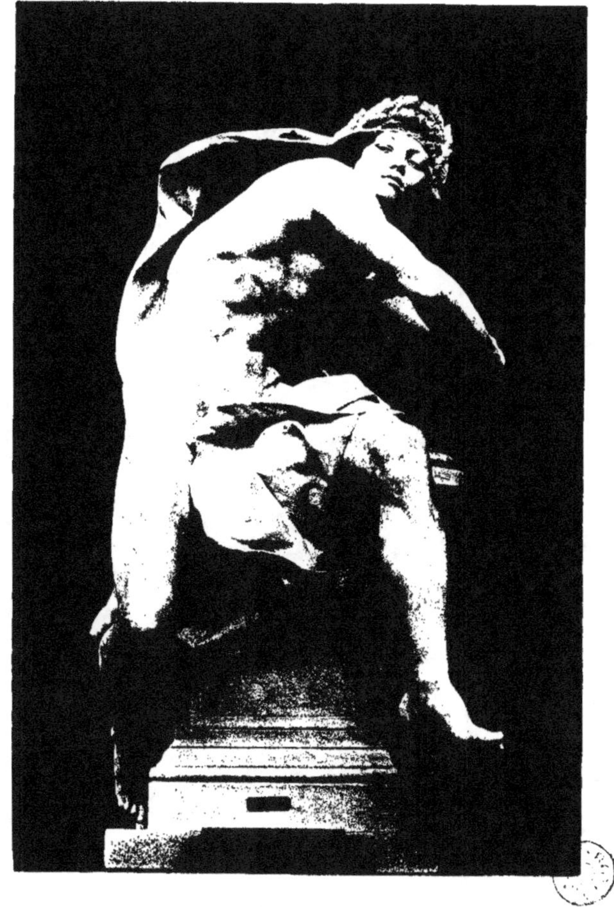

GÉNIE GARDANT LE SECRET DE LA TOMBE

CERCLE

DE

L'UNION ARTISTIQUE

SOIRÉE DU 14 JUIN 1879

A l'occasion des deux Médailles d'honneur
décernées par le Jury du Salon

à

MM CAROLUS DURAN

ET

RENE DE SAINT-MARCEAUX

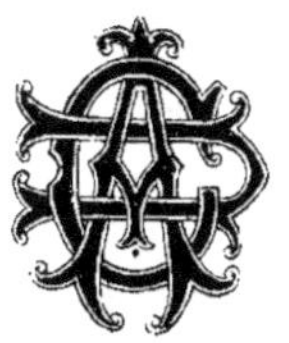

PARIS

TYPOGRAPHIE ET PHOTOTYPIE

QUAI VOLTAIRE, 13

1879

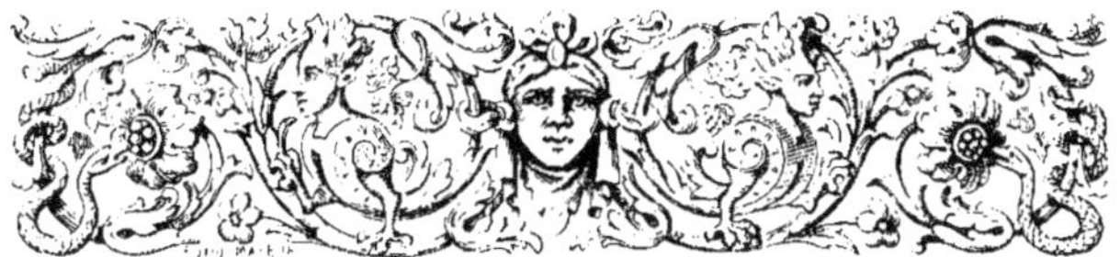

Le 5 juin 1879, le Jury chargé de la distribution
des récompenses aux artistes exposants du Salon
de cette année, décernait les deux médailles
d'honneur, l'une à M. Carolus Duran, pour le
portrait en pied de Mme la comtesse Vandal,
l'autre à M. René de Saint-Marceaux, pour sa
figure décorative en marbre : *Génie gardant le
secret de la tombe.*

Le soir du même jour, le Cercle de l'Union
artistique était illuminé, et parmi les membres
présents surgissait spontanément l'idée de célébrer par un dîner, la double victoire remportée
par deux de leurs plus chers collègues.

Aussitôt une liste de souscripteurs se couvrait
de signatures, et, dès le surlendemain, on dut,
malgré les plus vives protestations, arrêter à
deux cent-cinquante le chiffre des inscriptions,

la salle des fêtes et ses annexes, si bien aména-
gées pour les expositions, les spectacles et les
concerts, ne pouvant se prêter à l'installation
d'un plus grand nombre de convives.

Une commission, composée de MM. Costé,
Delchet, Dubois de l'Estang, de la Lombardière
et Saintin, voulut bien assumer la responsabilité
de tous les préparatifs, et le samedi 14, à sept
heures précises, tout le monde était exact au
rendez-vous.

De l'avis unanime, jamais une manifestation
de cette nature n'a mieux réussi dans tout son
programme et n'aura laissé de plus gracieux
souvenirs.

Dix tables, chargées de fleurs et de fruits,
étaient disposées dans la grande salle, convena-
blement aérée malgré l'abondance des lumières,
et une facile circulation était assurée au service,
qui a été fort habilement dirigé.

Pour éviter toute confusion à l'entrée, chaque
convive était muni d'une carte portant son nom
et lui indiquant, sur un plan dessiné, la place
qu'il s'était choisie.

Ces ingénieuses précautions et la bonne entente
générale ont eu pour résultat l'ordre le plus par-
fait et une complète satisfaction chaleureusement
exprimée, avec la gaîté, l'entrain et le bon goût
qui ont animé cette soirée mémorable.

M. le général comte de Gramont, Président
du Cercle, avait à sa droite et à sa gauche

les deux seuls invités, les héros de la fête, MM. Carolus Duran et de Saint-Marceaux, puis MM. Eugène Lami, Protais, le général Cambriels, Dubois de l'Estang, de Pages, Léo Delibes, Duez, Philippe Rousseau, Maignan, Théophile Gide, Gaston Jollivet.

Les autres convives s'étaient groupés selon leur fantaisie, et tous rivalisaient d'appétit et de bonne humeur.

Il faut rendre une égale justice à chaque mérite : le repas préparé par le cuisinier du Cercle et les vins de la cave étaient trouvés excellents.

Au dessert, les toasts ont été portés dans l'ordre suivant :

Par M. PROTAIS, l'un des vice-présidents :

Messieurs, permettez-moi, avant que notre Président prenne la parole, de vous rappeler en quelques mots les succès de notre Cercle.

Aux Expositions universelles de 1867 et de 1878, M. Meissonier, le président de notre commission de peinture et M. Gérôme, ont remporté des prix d'honneur.

Dans le courant de quelques années, des médailles d'honneur ont été décernées à cinq membres du Cercle ; trois d'entre eux sont encore parmi nous, MM. Bonnat, Gérôme et Tony Robert-Fleury.

Je ne puis, comme je le voudrais, vous parler ici de tous ceux des nôtres qui tiennent toujours les premiers rangs aux expositions annuelles ; après avoir rendu hommage à nos doyens aimés et respectés, MM. Eugène Lami et Isabey, je me verrais obligé de m'arrêter ; la liste est longue, ma mémoire pourrait faiblir, et d'ailleurs vous avez tous, leurs noms sur les lèvres.

Mais il en est que j'ai à cœur de vous nommer, ce sont nos jeunes camarades qui, cette année, ont, eux aussi, obtenu la victoire : MM. Vayson et Roger Jourdain; puis MM. Duez et Maignan, qui, sur trois médailles de première classe, en ont reçu deux.

Je tenais à vous citer ces noms, messieurs, et je m'arrête là: car c'est au général de Gramont, c'est à notre Président qu'il appartient de vous parler le premier des deux médailles d'honneur de nos amis Carolus Duran et Saint-Marceaux.

Par M. le général comte DE GRAMONT, Président :

Messieurs, je tiens à remercier au nom de tous, MM. Carolus Duran et de Saint-Marceaux, des nouveaux fleurons qu'ils viennent d'ajouter à notre couronne artistique déjà si resplendissante.

Nos illustrations ont depuis longtemps répandu dans le monde entier la renommée de notre Cercle et de son joyeux sobriquet, si bien que le seul titre de membre du *Mirliton* est un honorable passe-port en tout pays civilisé.

Je suis d'autant plus fier d'être votre Président, qu'il rejaillit sur chacun de nous comme un rayon de cette glorieuse auréole, et qu'il me semble que depuis la décision du Jury, je marche la tête plus haute.

Merci à nos deux camarades qui nous ont fourni l'occasion de les acclamer dans ce banquet fraternel, dont l'Union artistique pouvait seule peut-être réaliser la pensée; car, si les divers éléments qui composent notre association ont leurs intérêts propres, leurs goûts et leurs préférences, tous à un moment donné se réunissent et se confondent dans un même sentiment, l'amour du bien, du beau et du vrai que l'on respire ici à pleins poumons.

Au nom des présents et des absents, je bois à nos bons amis Carolus Duran et Saint-Marceaux.

Par M. Gaston JOLLIVET :

Messieurs, félicitons tout d'abord la médaille ;
Un aussi beau coup double est son lot rarement.
Dût-elle désormais ne faire rien qui vaille,
D'avance un coup pareil l'amnistie amplement.

Sur ce sol champenois, où la cuve bouillonne,
L'art dora Saint-Marceaux de ses rayons divins ;
Salut à son berceau, messieurs, puisqu'il nous donne
Le premier des sculpteurs et le premier des vins.

Ton œuvre est un tombeau, maitre, dont le génie
Protége le secret ; mais je vois, Saint-Marceaux,
Que ton génie à toi, dans sa grâce infinie,
Garde aussi son secret impénétrable aux sots.

L'autre, regardez-le, c'est l'Espagnol des Flandres,
Toujours fier, respirant les combats hasardeux ;
Ses yeux noirs, tour à tour perçants, profonds et tendres,
Ont le feu des mousquets qu'aimait Philippe deux.

Ses cheveux sont bouclés, il a des mains de race,
Où le pinceau se joue, où vibre le fleuret ;
Il a.... mais pardonnez mon incroyable audace,
Au nez de Vélasquez j'allais faire un portrait !

Non, j'aime mieux songer à ces modestes voûtes,
Dont l'écho plein de toi, double triomphateur,
Nous dit que nos salons d'où l'on proscrit les croûtes,
Remportent aujourd'hui leur médaille d'honneur,

Et je réclame un toast pour notre Cercle antique,
Qui demeure fidèle à son but, à son plan ;
Car ton premier devoir, Union artistique,
C'est d'unir Saint-Marceaux et Carolus Duran.

Par M. Edmond Odier :

Messieurs, ce n'est pas seulement au *Mirliton* que l'on a été ému et charmé du juste honneur décerné à nos deux collègues ; au cercle des *Ganaches* dont je fais partie depuis trente ans, bien des barbes grises m'ont témoigné leur satisfaction et m'ont prié d'être l'interprète de leurs félicitations ; c'est donc en leur nom que je porte la santé de MM. Carolus Duran et de Saint-Marceaux.

Nota. — On sait à Paris et ailleurs, que chaque cercle reçoit à son début et sans que l'on puisse dire pourquoi ni comment, un surnom bienveillant ou sarcastique, accepté de bonne grâce par ses membres et qui remplace dans le langage familier son vrai titre. Ainsi on écrit : *Le Grand Cercle*, *l'Union artistique*, *le Cercle agricole* ; et l'on dit : *Les Ganaches*, *le Mirliton*, *les Pommes de terre*, etc.

Le nom officiel du *Jockey-Club* ou plus communément du *Jockey* ou du *Club* est : *Société d'encouragement pour l'amélioration de la race des chevaux en France* ; il serait un peu gênant dans la conversation intime.

Par M. le baron de Pages, membre du Comité :

Messieurs, par ordre d'importance,
Prenant mon tour de parolier,
Je me trouve sans concurrence,
Tout juste après l'avant dernier.

Je ne vois là rien qui m'attriste,
Et très volontiers j'y souscris ;
Nous ne sommes pas sur la piste
Où se dispute le grand prix.

Un autre point gêne ma thèse :
C'est que les premiers galamment,
Ont écrémé bien à leur aise,
Le lait sucré du compliment.

Après eux, où trouver des termes,
Pour dire à nos chers médaillés,
Jusqu'à quel point nos épidermes
Par leur succès sont chatouillés ?

Je pourrais me tirer d'affaire,
En risquant un peu de latin ;
Mais je n'en sais que ma prière,
Tant mon soir est loin du matin.

Il faut pourtant, profit ou perte,
Tirer son épingle du jeu,
Et, sans tailler à banque ouverte,
Exposer un petit enjeu.

A tout hasard je cours la chance
De déguiser ma prose en vers ;
Or, le mot est de circonstance,
Chaque médaille à son revers.

N'ayant que la note futile,
Je ne saurais hausser le ton,
Pour célébrer en meilleur style,
Les lauréats du Mirliton.

L'un, ce maître à l'ardente allure,
Attendant, le regard levé,
Pour donner toute sa mesure,
Le modèle... qu'il a trouvé.

L'autre, poëte sur qui tombe
L'éclair dont il reste ébloui,
Volant le secret de la tombe
Où Michel-Ange est endormi.

Ensemble ils ont conquis les grades
Qui sacrent les talents vainqueurs ;
Ici, c'est aux bons camarades
Que s'ouvrent nos bras et nos cœurs.

Nous applaudissons à leur gloire
Qui rejaillit sur le drapeau,
Et, puisque chacun veut y boire,
Que les murs craquent, s'il le faut !

Cet élan est sincère et libre ;
Il prouve que le grand ressort
N'est pas encor rouillé, qu'il vibre
Au choc de tout vaillant effort,

Et que l'Union artistique,
Symbole significatif,
Forme la chaîne sympathique
D'un égoïsme collectif.

Salut aux vigoureux athlètes !
Honneur aux triomphes jumeaux !
Buvons pour couronner nos fêtes,
A Carolus, à Saint-Marceaux !

A ce moment, M. Carolus Duran se lève et au milieu d'un profond silence, interrompu plusieurs fois par des bravos retentissants, prononce d'une voix émue quelques paroles, dont à défaut du texte improvisé, voici le sens et l'intention :

Messieurs, il n'est pas un artiste parmi nous qui, dans sa jeunesse, n'ait rêvé la gloire.

Beaucoup d'entre vous ne sont pas artistes, mais aiment l'art et le prouvent chaque jour, par les témoignages d'estime et d'amitié qu'ils donnent aux artistes.

La gloire a ses déceptions, l'amitié n'en a pas.

C'est ce que nous sentons vivement aujourd'hui, M. de Saint-Marceaux, l'auteur de la belle œuvre que vous avez admirée, et moi, qui partage avec lui les honneurs de cette fête.

Aussi, je veux vous exprimer non seulement notre immense reconnaissance, mais encore notre sympathie et notre affection.

Théophile Gautier disait : « J'aime que l'on m'aime. » Il pouvait en cela paraître égoïste ; moi je dis : Je suis heureux d'être aimé afin de pouvoir rendre de tout cœur et au centuple l'amitié qu'on me témoigne.

Je vous jure, messieurs, que nous n'oublierons jamais l'accueil qui nous est fait et que nous garderons un éternel souvenir de ce jour de bonheur.

Je bois donc, messieurs, à l'amitié, plus sûre que la gloire, aux jeunes, à leurs succès, à leur avenir, à tout ce qu'ils rêvent, et à tout ce qu'ils espèrent!

Cette esquisse tracée de souvenir ne peut malheureusement rendre l'accent convaincu, le bonheur d'expression, la grâce et le charme que le peintre-orateur a su trouver avec tant d'à-propos pour revêtir ses nobles pensées des plus séduisantes couleurs.

M. DE SAINT-MARCEAUX exprime à son tour en termes exquis, sa vive gratitude, et porte la santé du général comte de Gramont, le digne Président du Cercle.

Les cris et les battements de mains ne suffisant pas à traduire l'enthousiasme général, l'assemblée se lève d'un commun élan, un long défilé s'organise et tous les assistants vont l'un après l'autre étreindre les deux artistes, touchés jusqu'aux larmes, des ovations cordiales dont ils sont comblés.

Pendant ces chaudes effusions, l'orchestre des Tziganes, caché sur le théâtre dans un élégant décor de feuillage, continue avec son entrain irrésistible à lancer aux échos sonores les airs les plus fougueux de son brillant répertoire, et un chœur joyeux accompagne cette vaillante harmonie.

Enfin, M. le comte DE FÉRAUDY propose de voter des remerciements aux commissaires ordonnateurs, qui ont si merveilleusement rempli leur mandat. Cette motion est couverte d'applaudissements.

Les convives remontent dans les salons où la fête continue, et on demande avec insistance qu'il soit publié un compte rendu de la soirée.

Le Comité d'administration s'est associé à ce vœu, et a décidé qu'un exemplaire du procès-verbal imprimé serait adressé à chaque membre du Cercle avec la phototypie des deux œuvres qui ont mérité les médailles d'honneur.

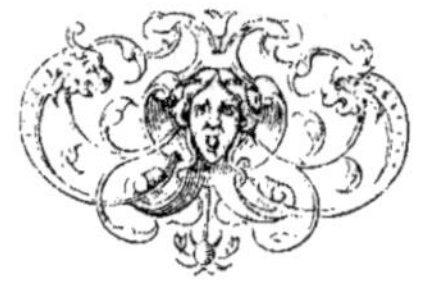

PARIS — IMPRIMERIE F. MOUILLOT, 13, QUAI VOLTAIRE. — 13089.

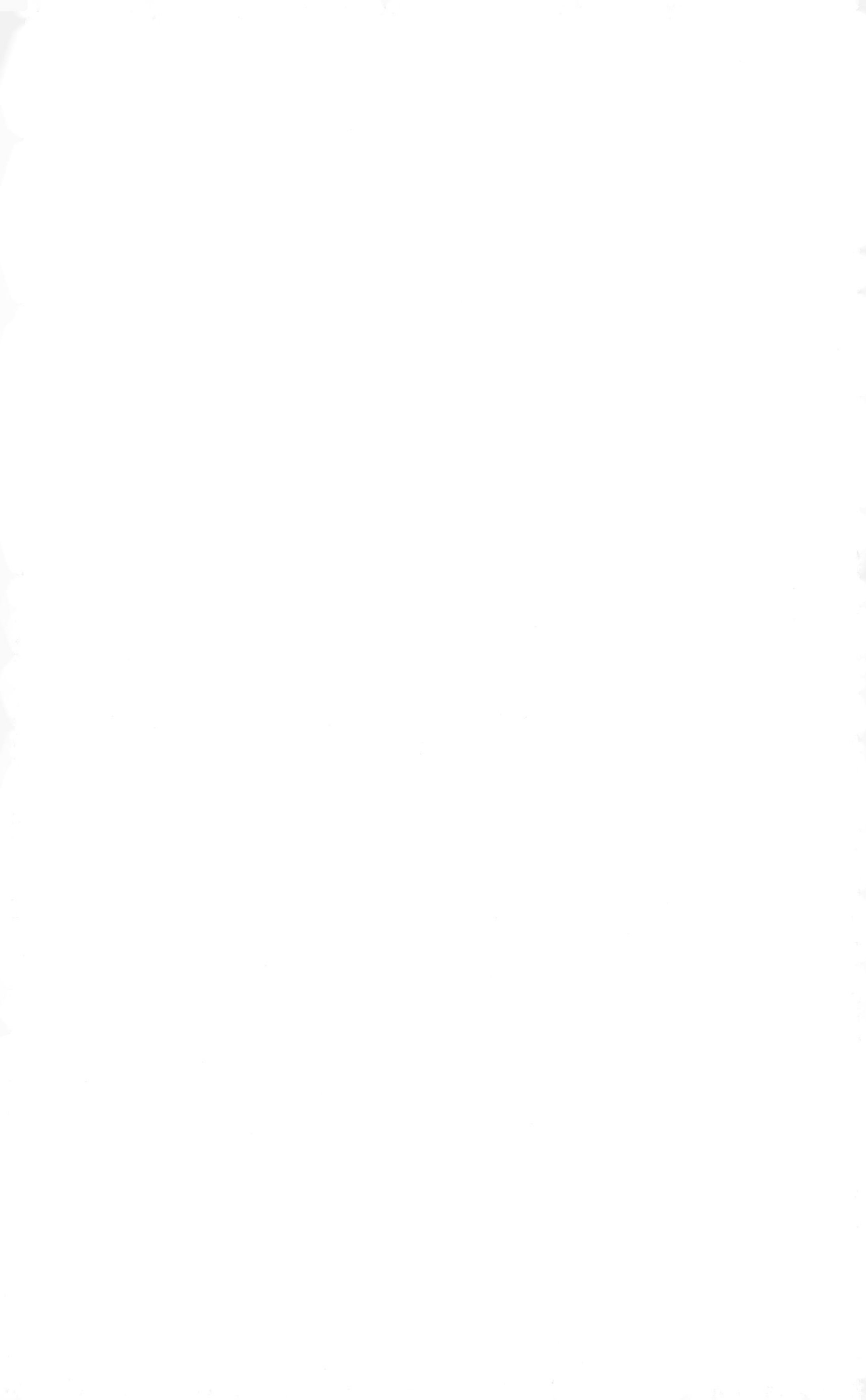